LES
SOCIALOS

WOLINSKI

LES SOCIALOS

10 ans de pouvoir en 400 dessins

EN 1992, J'AI DÉCIDÉ D'ÊTRE DE GAUCHE

N'EST-CE PAS UN PEU ARCHAÏQUE ?

ALBIN MICHEL

Du même auteur

aux éditions Albin Michel :

Lettre ouverte à ma femme, *1978.*
J'étais un sale phallocrate, *1979.*
A bas l'amour copain ! *1980.*
Ah, la crise ! *1981.*
Ils vont tout casser ! *1981.*
Junior, *1983.*
Aïe ! *1984.*
Tu m'aimes, *1985.*
Coups de crayon, *1985.*

Chez d'autres éditeurs :

Histoires lamentables, *Éditions Hara-Kiri, 1965.*
Carnet de croquis, *Éditions J.-J. Pauvert, 1967.*
Ils ne pensent qu'à ça, *Éditions Denoël, 1967.*
Je ne pense qu'à ça, *I, II, III, Éditions J.-J. Pauvert, 1968.*
Hit Parade, *Éditions Denoël, 1969.*
La vie compliquée de Georges le tueur, *Éditions du Square, 1971.*
C'est pas normal, *Éditions du Square, 1973, Dargaud, 1982.*
Il ne faut pas rêver, *Éditions du Square, 1974, Dargaud, 1982.*
Les Français me font rire, *Éditions du Square, 1975.*
Giscard n'est pas drôle, *Éditions du Square, 1976.*
Cactus Joë, *Éditions du Square, 1977, Dargaud, 1982.*
C'est dur d'être patron, *Éditions du Square, 1978, Dargaud, 1982.*
Paulette *(7 tomes, en collaboration avec Pichard pour les dessins)*
Éditions du Square, Dargaud, 1983.
Wolinski à « l'Humanité », *Éditions L'Humanité, 1977-1978.*
Mon corps est à elles, *Éditions du Square, 1979, Dargaud, 1983.*
N'importe quoi, *Éditions J.-J. Pauvert, 1979.*
Wolinski à l'Huma, *Éditions Mazarine, 1980.*
Les pensées, *Éditions Cherche-Midi, 1980.*
Tout est politique, *Éditions Messidor, 1981.*
A gauche toute, *Éditions Messidor, 1982.*
On a gagné ! *Éditions Messidor, 1983.*
On ne connaît pas notre bonheur, *Éditions Dargaud, 1982.*
Le programme de la droite, *Éditions Denoël, 1986.*
Je cohabite, *Éditions Denoël, 1986.*
Gaston la bite, *Éditions Denoël, 1987.*
Bonne Année, *Éditions Denoël, 1987.*
100 % Français, *en collaboration avec Jérôme Duhamel, Éditions Belfond, 1987.*
Tous Présidents, *en collaboration avec Faizant et J. Duhamel, Éditions Denoël, 1988.*
Passeport pour l'amour, *en collaboration avec Jérôme Duhamel, Éditions Belfond, 1988.*
Il n'y a plus d'hommes, *Éditions Flammarion, 1988.*
Plus on en parle... moins on le fait ! *Éditions Flammarion, 1990.*
Tout va trop vite, *Éditions Flammarion, 1991.*

Théâtre, en collaboration avec Claude Confortès :

Je ne veux pas mourir idiot, *Éditions J.-J. Pauvert.*
Je ne pense qu'à ça, *Éditions J.-J. Pauvert.*
Le roi des cons, *Éditions J.-J. Pauvert.*

Cinéma :

Le roi des cons
Aldo et Junior
Le Cow-boy
Le Pizzaiolo

© Éditions Albin Michel 1991
22, rue Huyghens 75014 Paris
ISBN 2-226-05327-1

JE SUIS UNE AFFAIRE

AFFAIRES

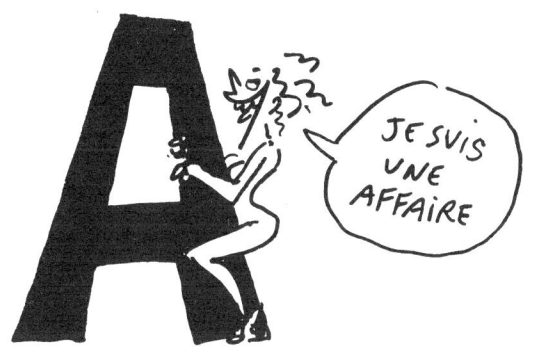

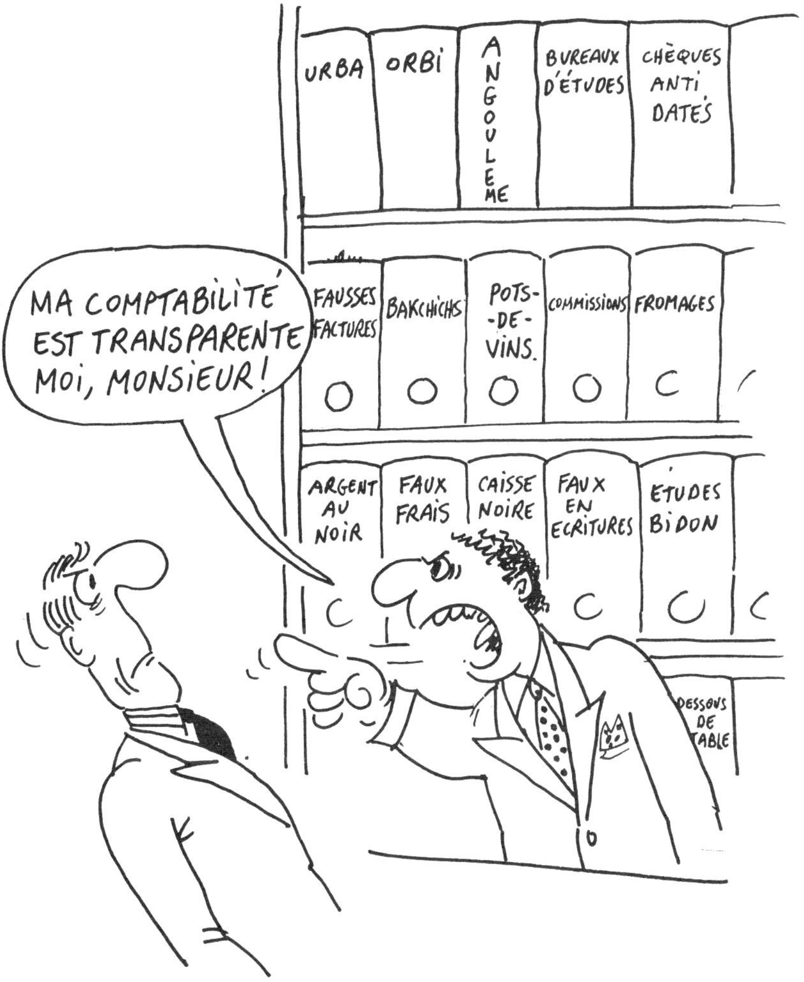
URBA
ORBI
ANGOULEME
BUREAUX D'ÉTUDES
CHÈQUES ANTI DATÉS
FAUSSES FACTURES
BAKCHICHS
POTS-DE-VINS
COMMISSIONS
FROMAGES
ARGENT AU NOIR
FAUX FRAIS
CAISSE NOIRE
FAUX EN ECRITURES
ÉTUDES BIDON
DESSOUS DE TABLE
MA COMPTABILITÉ EST TRANSPARENTE MOI, MONSIEUR !

LE PETIT JUGE EST SUSPENDU

VOICI LA LISTE DES GENS QUE VOUS NE DEVEZ PAS INCULPER

WHO'S WHO

RELATIONS

MÊME SI TU N'ÉTAIS PAS CHEF DE CABINET...

..ON T'ADORERAIT

VOUS ÊTES CHIC!

PESTILENTIEL

MONSIEUR PASQUA QUE PENSEZ VOUS DE L'AFFAIRE PÉCHINEY?

L'AFFAIRISME ET LES HISTOIRES D'OTAGES, IL FAUT CONFIER ÇA AUX VRAIS PROFESSIONNELS

MENTIR C'EST UN MÉTIER, MONSIEUR LE MINISTRE DES FINANCES, MAIS DÉMENTIR C'EST TOUT UN ART...

SOCIÉTÉ GÉNÉRALE

CONTRÔLE

QU'EST CE QUE C'EST ! BELINDA 20000 FRANCS JILL 12000 FRANCS YOKO 6000 FRANCS ?

LOLITA 500F SYLVIA 35000F DOUDOU 1500F MITSOUKO 7500F ?

EUH... VISITE DE MONUMENTS...

COPAINS

LE CONTRAT

VOICI LE RAPPORT QUE VOUS AVEZ COMMANDÉ À MON BUREAU D'ÉTUDE, MONSIEUR LE MAIRE.
ÇA M'A L'AIR TRÈS COMPLET...

AFGHANISTAN

KABOUL

AFRIQUE NOIRE

ÇA BOUGE EN AFRIQUE!

AFRIQUE DU SUD

MANDÉLA DANSE

ALLEMAGNE

LA RUÉE VERS L'OUEST

MALADROIT

FRONTIÈRES

BONHEUR

FAUT PAS RÊVER !

ACTUEL

PERSPECTIVES

AN 2000

BONNE ANNÉE POUR LES FRANÇAIS

ARMÉE

SOUDARD

COMPTABILITÉ

ARMES

EST-OUEST

TOUT DOIT PARTIR !

IRRESPIRABLE

PLAN

ASILE POLITIQUE

ATTALI

PROMOTION

BAGNOLES

GASPILLAGE

BALLADUR

CEUX QUI PAIENT BEAUCOUP PAIERONT MOINS. MAIS, HÉLAS! CEUX QUI PAIERONT MOINS NE SERONT PAS BEAUCOUP!

BALLADUR ENDURE

QUAND ON S'OBSTINE DANS L'ERREUR ON FINIT TOUJOURS PAR NE PAS AVOIR TORT

KRACH BOUM HUE!

BANLIEUES

MONSIEUR LE PRÉSIDENT, C'EST LE PREMIER MINISTRE "MICHEL ROCARD"
CELUILÀ, IL FAUT TOUJOURS QU'IL ME TÉLÉPHONE QUAND JE DORS
QU'Y AT'IL DE SI URGENT? VOUS DÉMISSIONNEZ?
AU CONTRAIRE, MONSIEUR LE PRÉSIDENT. JE PARS EN MISSION. POUR FAIRE PASSER DANS LA SOCIÉTÉ FRANÇAISE UN NOUVEL ÉLAN. POUR MULTIPLIER LES CONTACTS, ET ENTRETENIR LE DIALOGUE AVEC TOUS LES REPRÉSENTANTS DES DIFFÉRENTES COMMUNAUTÉS DE L'HEXAGONE DANS LA PERSPECTIVE DE L'HORIZON 93. LES FRANÇAIS DOIVENT SE RENDRE COMPTE QUE LE GOUVERNEMENT S'OCCUPE ACTIVEMENT DE LEURS PROBLÈMES, QUE LE VRAI CHANGEMENT N'EST PAS TOUJOURS HAUT EN COULEURS, ET QU'IL FAUT AVOIR LE COURAGE DE FAIRE EMMERDANT...
POUR ÇA, JE VOUS FAIS CONFIANCE. DITES MOI, QU'ESTCEQUE C'EST QUE CE BOUCAN INFERNAL, D'OÙ M'APPELEZ VOUS?
JE SUIS EN TRAIN DE ME PENCHER SUR LE DOSSIER "BANLIEUES".
BAR
CENTRE COMMERCIAL
POLICE
TÉLÉPHONE PUBLIC

BARBIE

SOLITUDE

BARRE

PIANO-BARRE

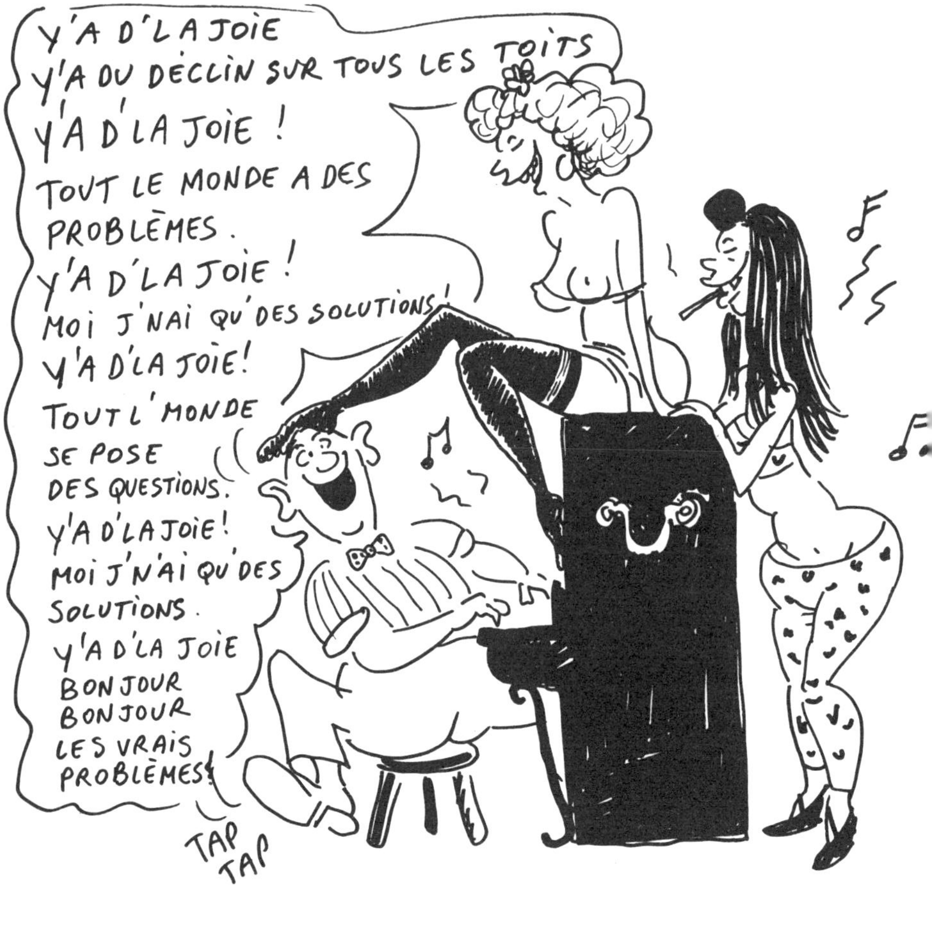

Y'A D'LA JOIE
Y'A DU DÉCLIN SUR TOUS LES TOITS
Y'A D'LA JOIE !
TOUT LE MONDE A DES PROBLÈMES.
Y'A D'LA JOIE !
MOI J'N'AI QU'DES SOLUTIONS !
Y'A D'LA JOIE !
TOUT L'MONDE SE POSE DES QUESTIONS.
Y'A D'LA JOIE !
MOI J'N'AI QU'DES SOLUTIONS.
Y'A D'LA JOIE
BONJOUR BONJOUR LES VRAIS PROBLÈMES !

TAP TAP

NOUVEAU DÉPART POUR BARRE

BARRE SE FOUT DES INTELLECTUELS

BARRE AUX NOTABLES

MITTERRAND-BARRE

BARRE-ROCARD

BARRE-GISCARD

BARRE EN BOURSE

QUAND ÇA DESCEND, JE MONTE..

BARRE S'EXPRIME

EH, VOUS! OH, PARDON, MONSIEUR BARRE

ÉLECTIONS PIÈGE À CONS

BARZACH

MONDIALE

RAMON PASSE À PASCALE, PASCALE PASSE À BOLEK QUI PASSE À CARLOS QUI PASSE A MAC KAY QUI TIRE!..

LA BARZACH COMMENTE LE FOOT MAINTENANT?!

NON, ELLE DONNE LES RÉSULTATS DU SIDA

BICENTENAIRE

DE NOTRE ENVOYÉ SPÉCIAL EN 1789.

CROYEZ VOUS QU'UN JOUR ON POURRA CONCILIER.. LES EXIGENCES DES INTÉRÊTS PRIVÉS ET DU PROFIT, AVEC LE SOUCIS D'UNE SOCIÉTÉ ÉGALITAIRE ?
ON PEUT BIEN RÊVER..

JE CULPABILISE PARCE QUE J'AI MIS MON GOSSE DANS UNE BOÎTE DE CURETONS ET QUE JE SUIS POUR L'ÉCOLE LAÏQUE.
FAUDRA AU MOINS DEUX SIÈCLES POUR FAIRE DISPARAITRE CE GENRE DE PROBLÈMES

LA LIBERTÉ, QU'EST CE QUE ÇA VEUT DIRE ?
C'EST UN TRUC DE BLANC ÇA MON VIEUX
VIVE LA LIBERTÉ !

ACHETEZ !

BOURSE

VENDEZ !

ACHETEZ !

VENDEZ !

CADRES

LES CADRES FONT MAI 68

CARPENTRAS

FRONT HAUT

ANGOISSANT !

ENQUÊTE

RÉALISME

CENTRE

LE CENTRE SÉMBOURBE

MADAME VEIL CONNAÎT LA MUSIQ

CGT
CUVÉE KRASUCKI 91

CHINE

CONTESTATION

LI-PENG NETTOIE LA PLACE

LOI MARTIALE

CHIRAC

CHIRAC A LA FRITE!

PAS DE CATASTROPHISME!

SAUF EN CE QUI CONCERNE LA GESTION SOCIALISTE

CHIRAC RAME

C'EST DUR DE RAMER AU RAS DES PAQUERETTES.!

CHIRAC RÊVE

SI JE GAGNE, JE FERAI MA SIESTE DANS LA CULOTTE DE MIREILLE MATHIEU

CHIRAC VOYAGE

AUX USA, CHIRAC A APPRIS À VOLER AU DESSUS DE LA MÊLÉE

L'UNION

J'AI DEUX AMOURS...

MA DONNA

MA FEMME

CHIRAC FAIT LA MANCHE.

LE PROBLÈME DE MONSIEUR SEGUIN

CHIRAC MITTERRANDIEN

CHIRAC GAULLIEN

CHIRAC LE PENIEN

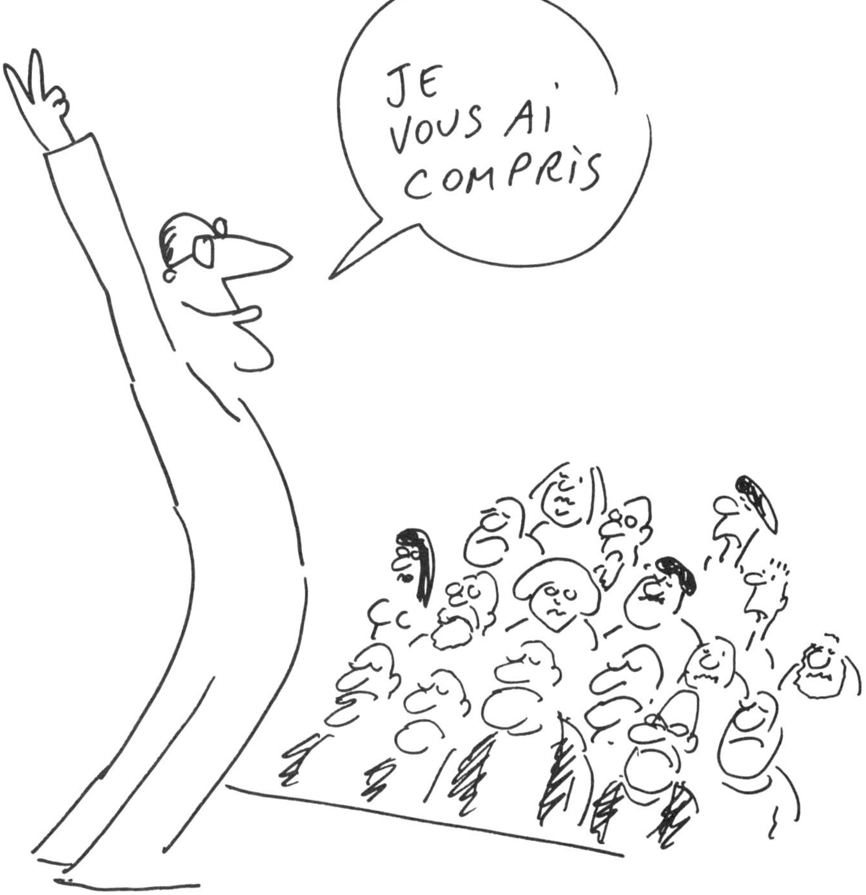

JE VOUS AI COMPRIS

CHIRAC COLUCHIEN

BANDE D'ENFOIRÉS!
NOUS VAINCRONS
LES CRADOS
DE GAUCHE
GRACE AU
CRÉDO
DU CŒUR!

JE PARTICIPE

CHIRAC PREND 0,4% D'INFLATION DANS LA GUEULE.

LA VAGUE CHIRAC

QUESTION À 100F :
À QUI BALLADUR
A-T-IL ENVOYÉ SES
" 12 LETTRES
AUX FRANÇAIS
TROP TRANQUILLES"?

LA DURE VÉRITÉ...

PRINTEMPS À PARIS

CHIRAC DONNE DES MILLIARDS
AUX SMICARDS.

C'EST PLUS FACILE DE FAIRE
UN GOSSE QUE DE TROUVER
DU BOULOT

CHÔMAGE

ROCARD TOMBE DANS
LE PANNEAU.

IL PARAÎT QUE JE SUIS
TROP SÉRIEUX.
DEUX MILLIONS ET DEMI
DE CHÔMEURS,
ÇA VOUS FAIT SOURIRE?

Michel Rocard

LE PARLER VRAI

ENCORE UNE
PUBLICITÉ POUR
LES PRIVATISATIONS!

CHOMAGE DE LONGUE DURÉE

CINÉMA

LE CINÉMA DES POLITIQUES

CHIRAC A VU:
"LES LIAISONS DANGEREUSES"

C'EST L'HISTOIRE D'UN DUO INFERNAL

Mon cher Valéry

FABIUS A VU:
"RAIN MAN"

C'EST L'HISTOIRE D'UN HOMME QUI NE DIT RIEN, MAIS QUI CALCULE TOUT LE TEMPS

SEGUIN A VU:
"MISSISSIPI BURNING"

RPR

J'AIME QUAND ÇA DÉMÉNAGE!

GISCARD A VU:
"ROMUALD ET JULIETTE"

ÇA DONNE PRESQUE ENVIE DE RENONCER AUX EUROPÉENNES

SEMAINE DIFFICILE POUR LES CINÉPHILES.

COHABITATION

BARRE PLASTRONNE

JE N'AI PAS UNE CONCEPTION ULTRA-PRÉSIDENTIALISTE. J'AI UNE CONCEPTION DE PRÉSIDENT ULTRA.

CHIRAC MAQUIGNONNE

ALORS JACQUOT, TU VAS BATTRE LA GAUCHE?

FAUT D'ABORD BATTRE LA DROITE

GISCARD SAVONNE

LE CANDIDAT DE DROITE LE MIEUX PLACÉ PEUT COMPTER SUR MOI POUR LUI TIRER DANS LE DOS

MITTERRAND COHABITATIONNE

JE RÊVE AU RETOUR D'UNE MAJORITÉ SOCIALISTE

TAISEZ-VOUS JOSPIN! VOUS ME COUPEZ L'ENVIE DE ME REPRÉSENTER

ALORS, BALLADUR, ON CRACHE SUR LA GESTION SOCIALISTE?
AÏE!
PAF
ALORS, LÉOTARD ON VEUT ME RENTRER DANS LE LARD?
OUCH!
PAF
ALORS, CHALANDON ON CHERCHE À ME PIÉGER?
PAF
ALORS, PASQUA LE PRÉSIDENT DE LA RÉPUBLIQUE S'ENNUIE?
QUI C'EST L'IMBÉCILE QUI A DIT ÇA?!

EXPOSITION BOUCHER.
LA COHABITATION SE FAI
CONSENSUELLE.

DÉCOHABITONS

LE TON DE TONTON NE VA PAS LEUR PLAIRE

JACQUES ET FRANÇOIS C'ÉTAIT COMME CHARLES ET LADY DI.

OH, MON DIEU!

RIEN NE VA PLUS ENTRE FRANÇOIS ET JACQUES

LES FRANÇAIS CROYAIENT QUE ÇA ALLAIT CONTINUER: LE TONTON DE GAUCHE À L'ÉLYSÉE, LE NEVEU DE DROITE À MATIGNON.

MAIS ALORS... ILS NE COHABITERONT PLUS ENSEMBLE!

SOYEZ COURA-GEUSE!

LES FRANÇAIS ÉTAIENT PRÊTS À VOTER MITTERRAND SI ÇA NE CHANGEAIT RIEN...

...MAIS SI ÇA DOIT CHANGER QUELQUE CHOSE...

ON M'A TROMPÉE!

..ÇA CHANGE TOUT

COMMUNISME

EXODE

NIET au Communisme!

ENFIN LA DÉMOCRATIE EST EN MARCHE

J'ESPÈRE QU'ON NE LA FERA PAS MARCHER AUTANT QUE NOUS

PAS À PAS

SI LES GENS DES PAYS DE L'EST CONTINUENT À FUIR LE COMMUNISME IL VA Y AVOIR DE GRANDS PROBLÈMES SOCIAUX À L'OUEST.

ET QUI VA EN PROFITER? LE PARTI COMMUNISTE!

RÉFÉRENDUM

CORSE

PRINTEMPS EN CORSE

TU NE RAMASSES PAS LES PROPOSITIONS GOUVERNEMENTALES ?

IL FAUT SE BAISSER

ÎLE DE BEAUTÉ

ALORS, MON BEL INSULAIRE, LA RÉFÉRENCE AU PEUPLE CORSE, ÇA N'A PAS L'AIR DE T'EXCITER ?...

IL FAUT SE BAISSER...

LES TOURISTES

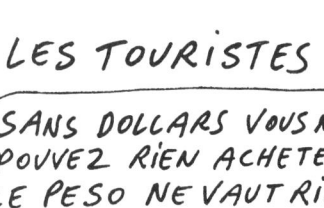

SANS DOLLARS VOUS NE POUVEZ RIEN ACHETER. LE PESO NE VAUT RIEN ET D'AILLEURS À PART LE RHUM ET LES CIGARES IL N'Y A RIEN À ACHETER.

LES ADEPTES DU VAUDOU

JE NE CROIS PAS À TOUTES CES CONNERIES MAIS J'ESPÈRE QUE VOUS N'AVEZ PAS TOUCHÉ À CES TROIS HARICOTS, NI TOUCHÉ À CES DEUX BOUTS DE BOIS...

LES HOMMES D'AFFAIRES

LES SOCIALOS LÈCHENT LE CUL DES RICAINS. IL Y A UNE PLACE À PRENDRE ICI ! SI ON SE REMUE PAS LES MICHES, CE SONT LES JAPS ET LES BOCHES QUI VONT SE GOINFRER L'ÎLE !

À CUBA, UN BON CONSEIL FAITES VOUS UNE OPINION PAR VOUS MÊME.

AVEC DES GENS DU CRU !

DÉPUTÉS

VAGUE DE BOUE SUR LA CHAMBRE

VAGUE DE BOUE SUR LE SUD DE LA FRANCE

DROGUE

LES NARCO-TRAFIQUANTS FUIENT LA COLOMBIE

SATISFACTION

SOMMET DE LA DROGUE

DROITE

IDÉES DE DROITE.

LA JEUNESSE EST DANS LE VENT

LE TRAGIQUE DILEMME DE L'ÉLECTEUR DE DROITE.

À GAUCHE

EN ATTISANT LES CONFLITS SOCIAUX, LA DROITE, PAR SON ATTITUDE IRRESPONSABLE COMPROMET LA CROISSANCE

À DROITE

DONNONS DES SOUS AUX GAGNE-PETIT, ET AUX GENS DE RIEN, SI NOUS VOULONS AVOIR LEURS VOIX.

AU-DESSUS

AVEC TOUS LES HOMMES REMARQUABLES DONT ELLE DISPOSE COMMENT SE FAIT IL QUE LA DROITE N'AIT PAS LE POUVOIR?

CE NE SONT PAS DES HOMMES REMARQUABLES QU'IL FAUT. C'EST UN HOMME PROVIDENTIEL

ÉCOLOGIE

ÉLECTIONS

L'ÉLECTEUR EST MALIN

L'ÉLECTEUR EST LUCIDE

L'ÉLECTEUR EST RÉSIGNÉ

L'ÉLECTEUR EST INCONTOURNABLE

INÉLUCTABLE

RENTRÉE POLITIQUE

LES FRANÇAIS MÉDAILLE D'OR DES JEUX ÉLECTORAUX.

EMBAUCHE

BONNE AFFAIRE

ENSEIGNEMENT

ENTREPRISE

MILLIARDS

EUROPE

FABIUS

FAIZANT

FÊTE DES MÈRE

FIGARO

F.O.G SÈME LA PANIQUE PARMI LES LECTEURS DU FIGARO

FRANCOPHONIE

FINANCEMENT DES PARTIS

NUITS DE CHINE

MADRID BY NIGHT

MATINS DE MOSCOU

SOIRS DE PARIS

FISC

MONSIEUR CHARASSE, DEPUIS QUE VOS SERVICES LUI ONT SAISI SON ECSTASY, LE PAUVRE CHOU EST COMPLÈTEMENT À PLAT...!
SI ÇA PEUT AIDER. JE PEUX LUI FAIRE UN REDRESSEMENT

GAINSBOURG

GAINSBOURG IMMORTEL

GISCARD

CONCURRENCE

GISCARD FANTASME

GISCARD FAIT DES POLITESSES

GOLFE

BRANLE-BAS

CROISADE

50° À L'OMBRE

QUESTION DE CONFIANCE

QUESTION DE PRINCIPE

ESCALADE

LE CONSEIL DE SÉCURITÉ

BRICOLAGE

POURQUOI LES AMÉRICAINS N'ARRIVENT PAS À REPÉRER LES BATTERIES DE MISSILES IRAKIENS?

chez Ali
MERGHEZ - FRITES
POISSONS FRITS
GAZOUZ

LE JOUR LES CAMIONS SERVENT DES CASSE-CROUTES. LA NUIT ILS LANCENT DES **SCUD**!

chez Ali MERGUEZ-FRITES

NI ARMES CHIMIQUES, NI ARMES BACTÉRIOLOGIQUES, NI ARMES NUCLÉAIRES, MOI JE DIS NON.

MAUVIETTE!

FEMMELETTE!

RIEN DANS LE CALCIF!

FRENCH ARMY

SAOUDIAN ARMY

US ARMY

SACHEZ DISTINGUER UNE ARME PROPRE D'UNE ARME SALE

ARMES PROPRES	ARMES SALES
- FUSIL	- COUSCOUS BIOLOGIQUE
- CANON	- PIMENT CHIMIQUE
- MISSILE	- VENT DE SABLE BACTÉRIOLOGIQUE
- BAÏONNETTE	- CANIF DE BAGDAD

SACHEZ DISTINGUER UN AVION FRANÇAIS D'UN AVION IRAKIEN

QUELLE CONNERIE LA GUERRE!

C'EST FACILE! LA BANDEROLE EST EN FRANÇAIS..

C'EST PEUT ÊTRE UNE RUSE?

NE PERDEZ PAS LE SENS DE L'HUMOUR

IL FAUT FAIRE QUELQUE CHOSE POUR LES BALTES

JE SAIS. J'ENVOIE VAUZELLE

LE MESSAGE DU CHEF DE L'ÉTAT:

CHEF DES ARMÉES, COMMENT NE PAS EXPRIMER MA FIERTÉ ET MES FÉLICITATIONS LORSQU'ON SAIT QUE PENDANT LE CONFLIT DU GOLFE, UNE RATION FRANÇAISE S'E CHANGEAIT CONTRE... TROIS AMÉRICAINES !

US

US

US

RATION FRANÇAISE

ACHETEZ DES ACTIONS IRAKIENNES

POURQUOI DES ACTIONS IRAKIENNES?

QUELS SONT LES DEUX PAYS LES PLUS RICHES DU MONDE ? CEUX QUI ONT PERDU LA GUERRE : LE JAPON ET L'ALLEMAGNE. QUI VA EN PRENDRE PLEIN LA GUEULE ? : L'IRAK !

ÉVITEZ LE TOURISME À RISQUE

CETTE ANNÉE JE RESTE EN FRANCE. PAS DE VACANCES À L'ÉTRANGER !

PAS MOI ! IL Y A TROP D'ÉTRANGERS EN FRANCE.

AMBIGUITÉ

FAUT IL ATTAQUER AU-DELA DU KOWEIT?

IL FAUT DÉTRUIRE LA FORCE MILITARO-INDUSTRIELLE DE L'IRAK, NOS AVIATEURS INTERVIENDRONT OU IL LE FAUDRA

JE SUIS INTERVENU À LA TÉLÉVISION POUR LE DÉCLARER SANS AMBIGUITÉ !

JE SAIS, JE SAIS

JE ME DEMANDE : SI LA DROITE ÉTAIT AU POUVOIR EN CE MOMENT. EST-CE QUE LES SOCIALISTES AURAIENT VOTÉ LA GUERRE?

ON NE P... PAS DISSIPE... TOUTES ... AMBIGU...

SONDAGE

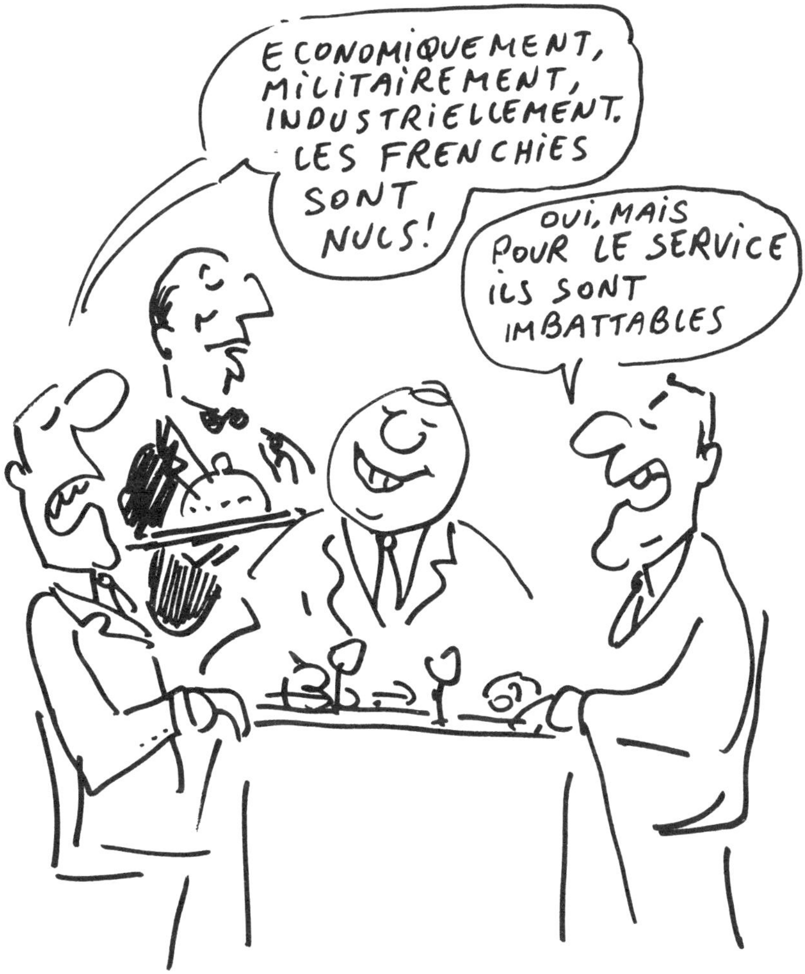

GORBATCHEV

MANIF À MOSCOU

LE POUVOIR POPULAIRE NE CÉDERA PAS À LA PRESSION DE LA RUE.

TOLÉRANCE

VIVE STALINE

SALE COCO!

SALE RÉAC!

VIVE GORBA

SEUIL DE TOLÉRANCE

UN RUSSE SUR 4 EST UN BOUGNOULE

ÇA VA LEUR COÛTER CHER EN AIDE AU RETOUR

NATIONALITÉS

TANT QUE VOUS N'EMPLOYEZ PAS LA FORCE, L'OCCIDENT VOUS SOUTIENT.

SURTOUT QUE CELA NE SE SACHE PAS

BUSH - GORBA

GORBA - BUSH

VODKA

LES SOVIÉTIQUES SUIVENT LES TRAVAUX DU CONGRÈS AVEC LA PASSION QUE NOUS METTONS A SUIVRE ROLAND GARROS.

ILS DÉCOUVRENT LA LIBERTÉ DE PAROLE.

ILS DÉCOUVRENT LA MAFIA, LA PROSTITUTION, LE RACKET, LA DÉLINQUANCE, L'INSÉCURITÉ ET LA DROGUE.

MAIS GORBATCHEV N'A PAS RÉUSSI À ENRAYER LE FLÉAU NATIONAL.

* INVENTAIRE

PRINTEMPS À MOSCOU

DANS LE VENT

SOVIET - SUPRÊME

GORBA PIÉTINE

L'EUROPE FAIT QUELQUE CHOSE...

GRÈVES

LES P.T.T DÉBLOQUENT

HABITAT SOCIAL

HERSANT

HERSANT CASSE LES PRIX

HOMO

IMMIGRÉS

IMMIGRATION CLANDESTINE

ÉVIDENT

LOGIQUE !

TONTON AUX POTES

JE VOUS PRIE D'AGRÉER L'EXPRESSION DE MES PLUS AFFECTUEUSE. ARRIÈRE-PENSÉES

TOLÉRANCE

PENSEZ VOUS QU'IL Y AIT UN SEUIL DE TOLÉRANCE

NON, MAIS JE SUIS AUSSI LE PRÉSIDENT DE CEUX QUI NE PENSENT PAS COMME MOI

INSOLENCE

FINI DE RIGOLER!

GAINSBOURG

REISER

DESPROGES

LE LURON

COPI

COLUCHE

IRAN

LES DESSOUS DE LA POLITIQUE IRANIENNE

VOUS ÊTES SLIP OU CALEÇON ?

TÉHÉRAN

NOUS SOMMES ARRIVÉS À UN IMPORTANT ACCORD CULTUREL

LES NOTICES ACCOMPAGNANT LES ARMES LIVRÉES PAR LA FRANCE SERONT RÉDIGÉES EN IRANIEN

I.V.G

JALOUSIE

JAPON

JUIFS

JUSTICE

KHOMEYNI

LALONDE

LANG

MAIS ENFIN POURQUOI JACK NE NOUS AT'IL PAS INVITÉ À L'AVANT-PREMIÈRE DE BERTRAND? IL Y AVAIT ABSOLUMENT TOUT LE MONDE..

POURTANT À LA PROJECTION DE COSTA IL A ÉTÉ ADORABLE AVEC MOI!

LÉOTARD

COMMENT EXPLIQUEZ VOUS LE SILENCE DES INTELLECTUELS A VOTRE ÉGARD?

JE DÉTESTE LES INTELLECTUELS, J'ADORE LE SILENCE

LiBAN

LISTE

LISTE NOIRE

LISTE EUROPÉENNE

RÉALISTE

SYNDICALISTE

LUBÉRON

LES INTELLOS

J'AI DEMANDÉ UN AVACOIR DE 600000 FRANCS POUR MON PROCHAIN ROMAN "TOUT ME DÉGOUTE"

JE QUITTE GRASSET POUR LE SEUIL POUR MON PROCHAIN ROMAN.

LES PLOUCS

FAN DE PUTE! CE MATIN J'AI TIRÉ UNE LAPINE DANS LES OLIVIERS

FAN DE CHICHOUNE CE MATIN J'AI TIRÉ UNE ALLEMANDE DANS UNE BORIE

LES RICHES

JE VOUS ENVOIE MON HÉLICO SINON VOUS NE TROUVEREZ JAMAIS MA BERGERIE.

C'EST GENTIL

LES POLITIQUES

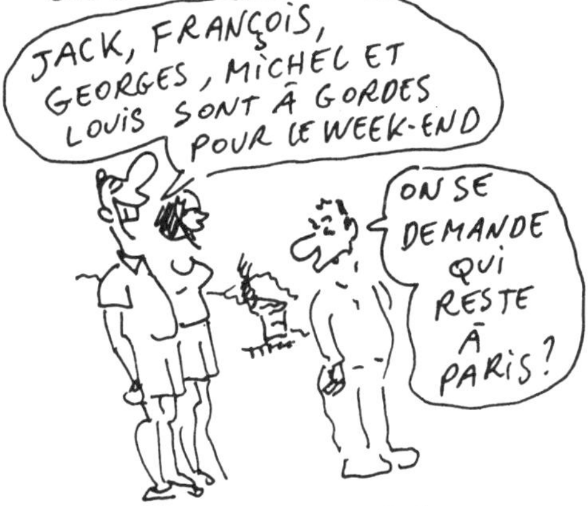

LES STARS

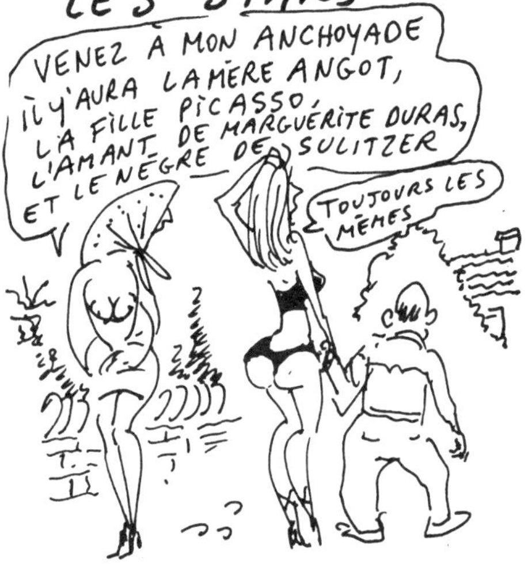

LES SNOBS

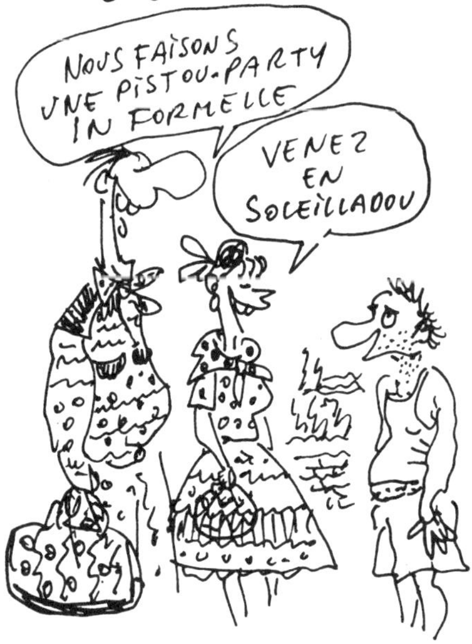

LES PARIGOTS

LES OBSÉDÉS

LES VACANCIERS

LYCÉENS

CHAHUT

MADONNA

MARCHAIS

TOURBILLON SUR LE PC

NOUS NOUS SOMMES BEAUCOUP TROMPÉS DANS LE PASSÉ MAIS CELA N'ENGAGE PAS L'AVENIR

BRAVO BRAVO BRAVO

CLAP CLAP CLAP CLAP

LE RAFALE EST AU MEETING DU BOURGET CE QUE SAINT-LAURENT EST À LA FÊTE DE L'HUMA

SI MITTERRAND CONTINUE À FAIRE DES DISCOURS DE GAUCHE POUR PIQUER LES VOIX COMMUNISTES. NOUS VOTERONS LA CENSURE AVEC LA DROITE !

LA MINORITÉ N'A PAS LE DROIT D'IMPOSER SA PERESTROÏKA À LA MAJORITÉ. ON N'EST PAS DES RUSSKOFS !
PCF
CAMARADE GORBA, JURE MOI QUE TU CROIS ENCORE À L'AVENIR DU COMMUNISME
EN URSS OU EN FRANCE ?
DES MILLIONS DE COMMUNISTES ENVAHISSENT LES PAYS CAPITALISTES ET ON VOUDRAIT QUE JE SOIS MÉCONTENT !

MARSEILLE
PANARD

DES RÈGLEMENTS DE COMPTE CHEZ NOUS, ÇA FAIT PARTIE DU FOLKLORE

MAIS UNE MOSQUÉE CHEZ NOUS ÇA FAIT DÉSORDRE!

SOUTIEN

À MARSEILLE IL FAUT SOUTENIR CELUI QUI NE PEUT PAS GAGNER ET NÉGOCIER AVEC CELUI QUI PEUT GAGNER

C'EST TRÈS CLAIR

MAUROY
COUP DE VENT SUR LE P.C.

MÉDECIN (JACQUES)
LE TESTAMENT DE JACQUES MÉDECIN

MÉDECINS

MÉDICAMENTS

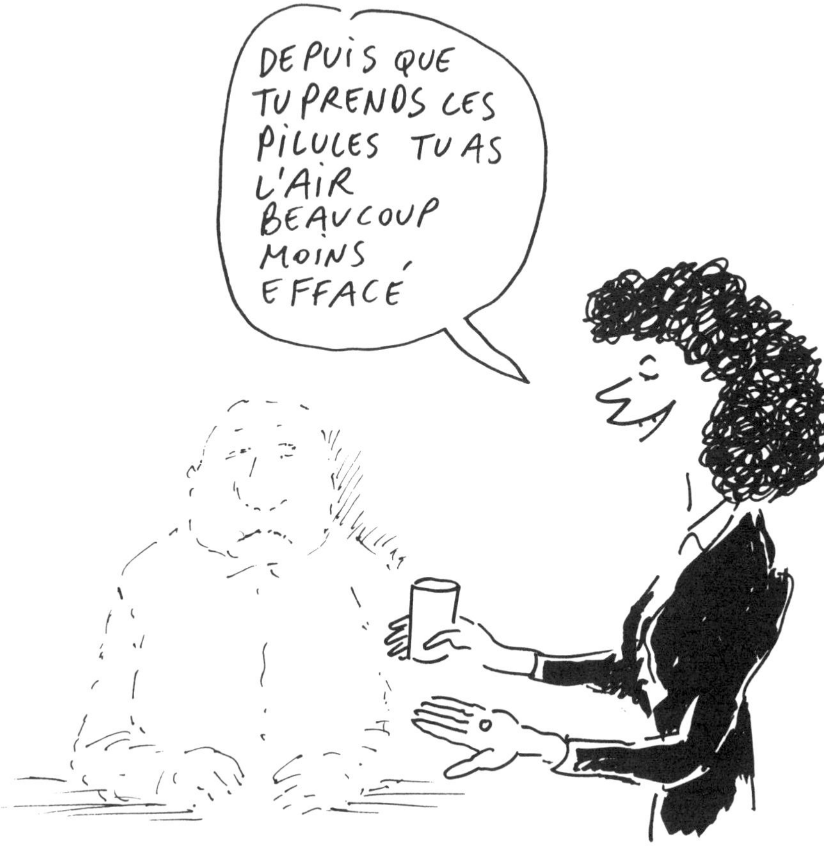

DEPUIS QUE
TU PRENDS LES
PILULES TU AS
L'AIR
BEAUCOUP
MOINS
EFFACÉ

MÉTÉO

NATALITÉ

POLÉMIQUE SUR LA NATALITÉ

NOUVEL OBS

NOUVELLE CALÉDONIE

R.P.C.R

LES RICHES ONT DIX ANS POUR PRÉPARER LEUR VALISE

RÉFÉRENDUM

JE ME SUIS ABSTENU SANS PASSION

J'AI VOTÉ SANS ENTHOUSIASME

NUCCI

IL VAUT MIEUX ÊTRE UN MALHONNÈTE DE DROITE QU'UN MALADROIT DE GAUCHE SI ON VEUT AVOIR DE L'AVENIR

OPÉRA- BASTILLE

OPÉRA

MAUROY A UN BEL ORGANE

OPPOSITION

OUVERTURE

COMME PATRIE
COMME PUTE
COMME PARIS
COMME PILI PILI
COMME PERDU
COMME PRENDS MOI

PASQUA

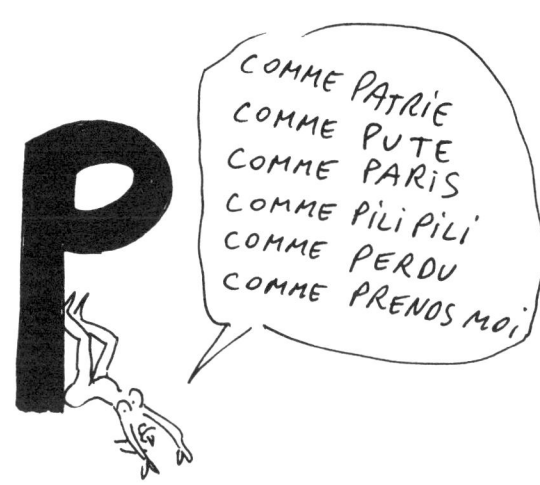

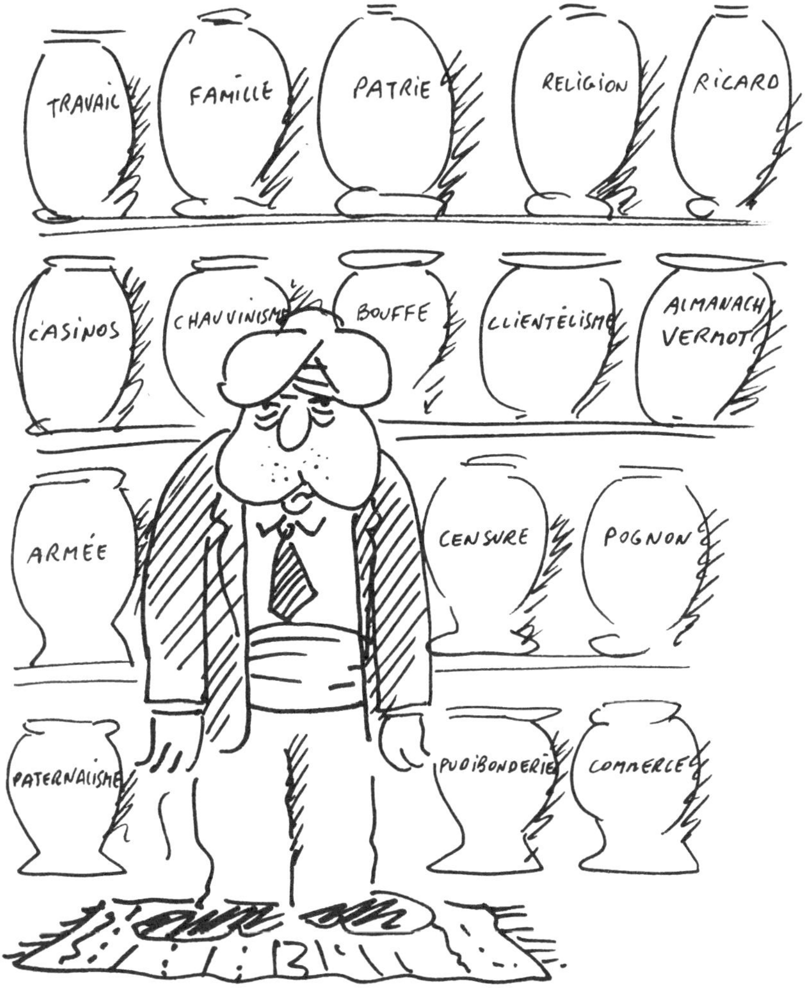
TRAVAIL
FAMILLE
PATRIE
RELIGION
RICARD
CASINOS
CHAUVINISME
BOUFFE
CLIENTÉLISME
ALMANACH VERMOT
ARMÉE
CENSURE
POGNON
PATERNALISME
PUDIBONDERIE
COMMERCE

PASQUA EST CHIC !

PATRONS

JE RÊVAIS DE DEVENIR CONDUCTEUR DE LOCOMOTIVES...

PAYSANS

JE VEUX PAS DE BEEFTEAK. JE VEUX UNE PIZZA!

ATTENDS QUE TON PÈRE REVIENNE DE LA MANIF!

NON À L'EFFONDREMENT DU COURS DE LA VIANDE!

PISTON

TU ES LE MEILLEUR, JE VAIS TE PISTONNER !
SURTOUT PAS, J'AI UN PISTON MEILLEUR QUE TOI !

PiVOT

PIVOT FUIT LA ROUTINE

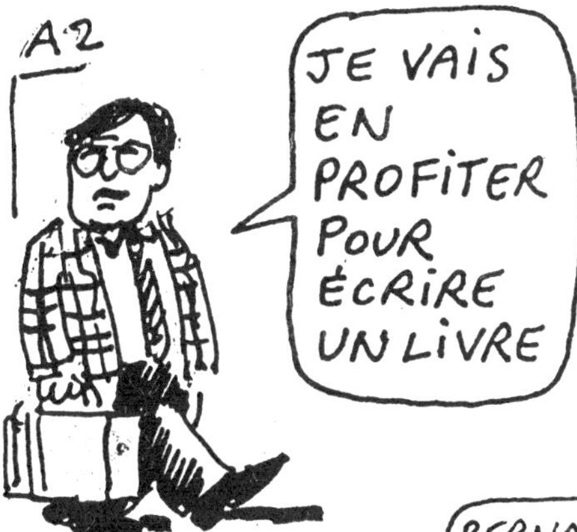

A2

JE VAIS EN PROFITER POUR ÉCRIRE UN LIVRE

CULTUREL

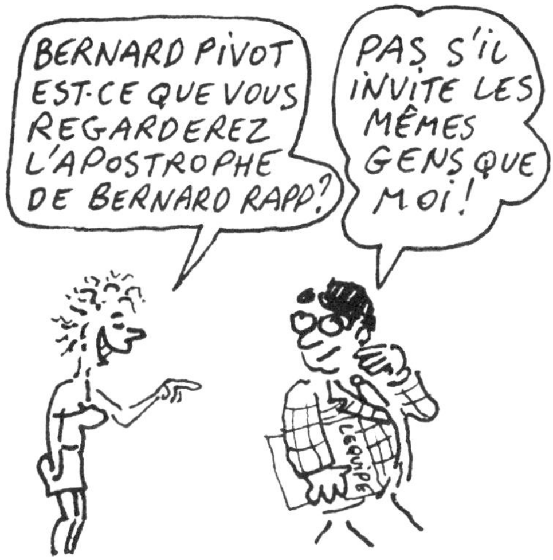

BERNARD PIVOT EST-CE QUE VOUS REGARDEREZ L'APOSTROPHE DE BERNARD RAPP ?

PAS S'IL INVITE LES MÊMES GENS QUE MOI !

POHER

AFFAIRES IMMOBILIÈRES

ALORS, CE VIAGER POUR VOTRE APPARTE DU LUXEMBOURG, VOUS ME LE SIGNEZ, MONSIEUR POHER ?

HI! HI!

J'EN AI ENTERRÉ D'AUTRES, MON PETIT PASQUA

POLLUTION

L'ÉCOLOGIE EST DANS L'AIR

TROUBLANT

PUANT

SCIENCE-FICTION

COUCHE D'OZONE

PRÉSIDENTIABLES

ROCARD À LA MONTAGNE:

BARRE SOUS SON TOIT:

MITTERRAND FACE À LA MER.

PRESSE

PRESSE ET JUSTICE

MONSIEUR LE MINISTRE QUE PENSEZ VOUS DE LA LIBERTÉ DE LA PRESSE?

JE PENSE QUE LES JOURNALISTES ONT PLUS BESOIN D'AVOCATS QUE LES AVOCATS DE JOURNALISTES!

PRISONS

MUTINS

MONSIEUR LE DIRECTEUR IL Y A 50 DÉTENUS SUR LE TOIT DE LA PRISON

FAITES-LES DESCENDRE. CE TOIT N'EST PRÉVU QUE POUR 20 MUTINS ASSIS ET 10 DEBOUT

MATONS

C'EST L'ÉPREUVE DE FORCE, MONSIEUR LE MINISTRE. ILS EXIGENT QUE LE PROCHAIN FILM D'ALAIN DELON S'INTITULE MATON-STORY

APPELEZ MOI JACK LANG

QUOTAS

SOMMET FRANCO-AMÉRICAIN

RACISME

ROCARD

EMBUCHE

CONSEIL

SOCIAL-RÉALISME

FABIUS CHERCHE UN GRAND DESSEIN

ROCARD EST ENFIN

NOMMÉ 1er MINISTRE

LE
COUPLE

ROLAND GARROS

ELYSÉE-MATIGNON

CANICULE

ROUMANIE

SALAIRES

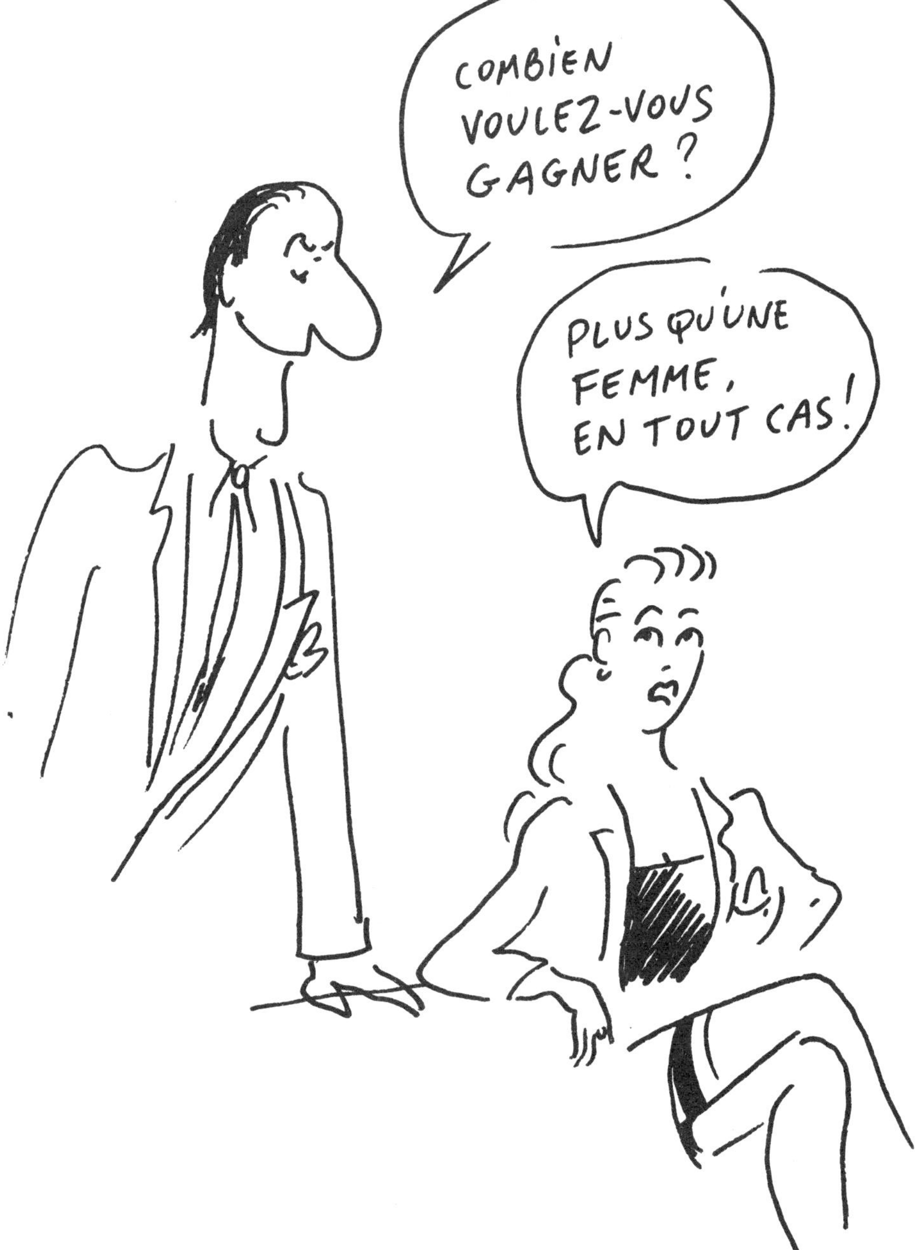
COMBIEN VOULEZ-VOUS GAGNER ?
PLUS QU'UNE FEMME, EN TOUT CAS !

SERVICE MINIMUM

SERVICE PUBLIC

SEXE

MONSIEUR LE JUGE IL PRÉFÈRE LIRE L'ÉCHO DES SAVANES PLUTÔT QUE FAIRE L'AMOUR AVEC MOI
C'EST L'ÉPOQUE QUI VEUT ÇA!

SIDA

SKI

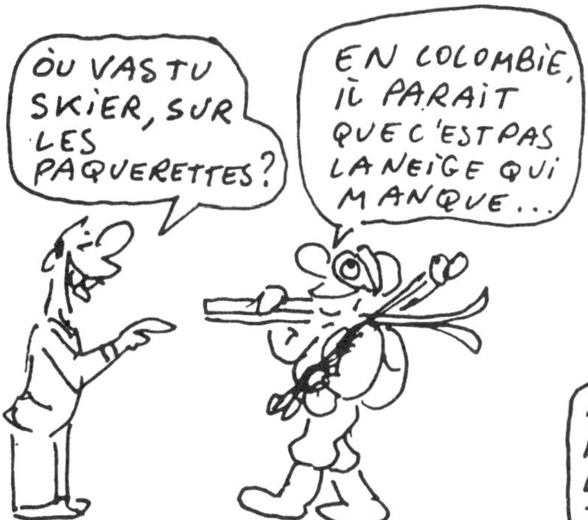

OÙ VAS TU SKIER, SUR LES PÂQUERETTES ?

EN COLOMBIE, IL PARAÎT QUE C'EST PAS LA NEIGE QUI MANQUE...

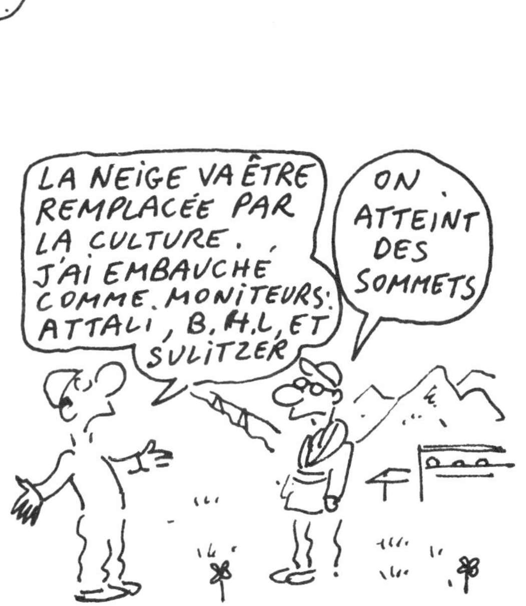

LA NEIGE VA ÊTRE REMPLACÉE PAR LA CULTURE. J'AI EMBAUCHÉ COMME MONITEURS: ATTALI, B.H.L. ET SULITZER

ON ATTEINT DES SOMMETS

SOCIALISME

ON S'AIME

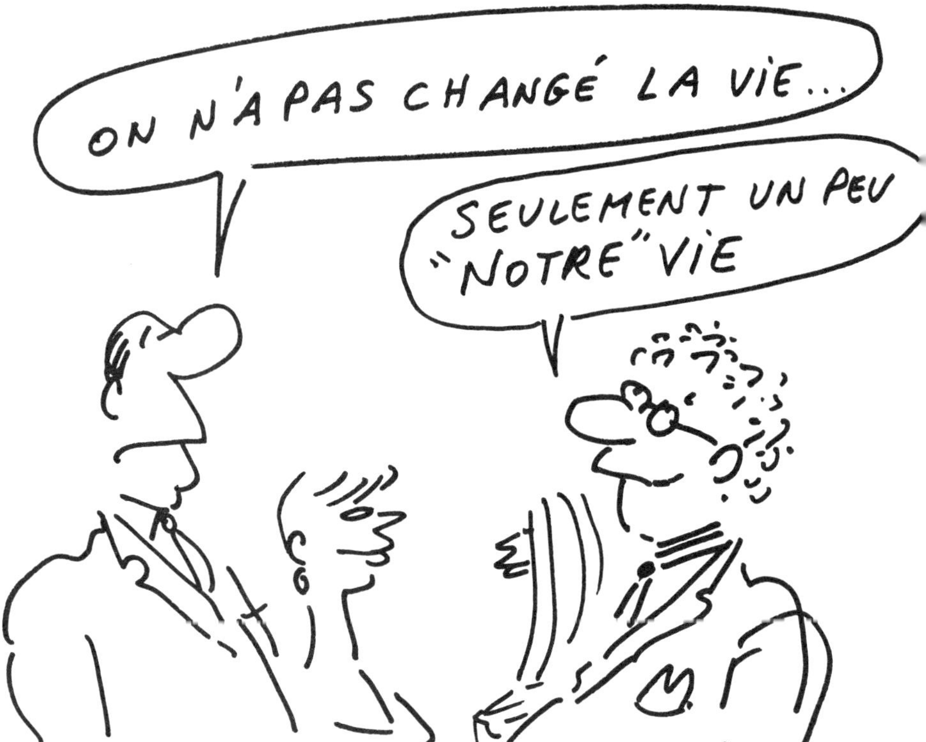

MONSIEUR LE VICOMTE, MOI J'TE FOUTRAIS TOUS CES SOCIALISTES DANS LA FOSSE À PURIN !
ALLONS, ALLONS, MON BON ANTOINE. ILS NE SONT PAS SI MAL !

EMBALLAGE

ENTOURAGE

CONGRÈS DE RENNES

SOCIÉTÉ

SOMMEIL

SPONSORING

TAPIE

LE CHAPEAU DE GASTON
EST TROP GRAND POUR
TAPIE

ET POURTANT
J'AI LA GROSSE TÊTE

MARSEILLE

TAPIE PUE DU BEC

C'EST À FORCE
D'AVALER DES
AFFAIRES POURRIES

LE DERNIER TUBE DU CROONER TAPIE

TAPIE EST TRÈS SENSIBLE

TAPIE VEUT PRIVATISER MARSEILLE

VICTOIRE DE L'O.M

TCHADOR

LES P.D.G CONTRE LES HAUTS SALAIRES

QUE NOUS GAGNIONS DIX FOIS PLUS QUE NOS EMPLOYÉS C'EST NORMAL. MAIS QUE MADAME OCKRENT GAGNE DEUX FOIS PLUS QUE MOI, C'EST UN SCANDALE!

CULTUREL

PAPA TU DIS TOUJOURS QU'ON REGARDE DES BÊTISES ALORS ON REGARDE LA 7

ILS VONT ME FAIRE RATER FRANCE-ANGLETERRE. CES PETITS TARÉS!

LES FRANÇAIS ET L'AMOUR

ÉMISSION DE DANIEL KARLIN
ET TONY LAINÉ

JE SUIS PRÊT À TÉMOIGNER QUE J'AIME MA FEMME..

.ET QUE J'ADORE FAIRE L'AMOUR AVEC MON MARI!

STOP! ALLEZ RACONTER VOS COCHONNERIES AILLEURS!

ENCORE UN INTERVIEW RATÉ!

THATCHER

CONVERGENCE AVEC CHIRAC

TIERS-MONDE

AFRIQUE FRANCOPHONE

MENU DU SOMMET DES RICHES :
CAVIAR, LANGOUSTE...

MITTERRAND PASSE L'ÉPONGE

TONTON

UN GRAND MATCH
AU DÉBUT IL DOUTE,
IL EST UN PEU RAIDE.

IL SE COUVRE TROP,
IL EVITE LES COUPS.

SOUDAIN IL ACCEPTE LE
COMBAT, DONNE LA
RÉPLIQUE EN GRAND
CHAMPION.

DEVANT UNE TELLE
INTELLIGENCE DU RING, UNE
CONDITION PHYSIQUE AUSSI
IRRÉPROCHABLE LE PUBLIC
NE S'Y TROMPE PAS, LA
VICTOIRE NE SOUFFRE AUCUNE
RESTRICTION.

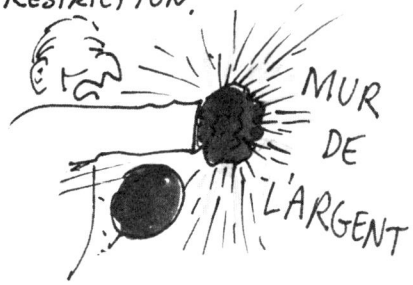

MUR
DE
L'ARGENT

ELLE EST VACHEMENT GRANDE VOTRE CUISINE !
C'ÉTAIT NOTRE LIVING. MAIS COMME IL ADORE MANGER DANS LA CUISINE ON A TOUT CHANGÉ..

ROCARD PÉDALE

CHIRAC RAME

GORBA CHERCHE L'OUVERTURE

MITTERRAND CALME LE JEU

UNE CONFÉDÉRATION EUROPÉENNE DE L'ATLANTIQUE À L'OURAL N'EST CE PAS UN PEU ARCHAÏQUE ?
MON DEUXIÈME SEPTENNAT SERA PLANETAIRE. OCCUPEZ-VOUS DU TERRE À TERRE

SOCIALISME
LE PEN
CHOMAGE
INÉGALITÉS
UNIFICATION DE L'ALLEMAGNE
AMNISTIE
SOCIAL
IMMIGRATION
FAUSSES FACTURES
EUROPE
TROP PETIT CE PARAPLUIE!

DIS, CHÉRIE J'FAIS UNE P'TITE BOUFFE SAMEDI SOIR LE PRÉSIDENT M'A PROMIS D'ESSAYER DE PASSER...
INVITE AUSSI QUELQUES HOMMES..

SEYCHELLES

MITTERRAND ADOPTE LE LOOK : «DICK TRACY».

LE BIEN ET LE MAL

LE PIRE ET LE MEILLEUR

LA GAUCHE ET LA DROITE

LE PETIT ET LE GROS

TOURISME

TRANSPORTS

AIRBUS

AIGUILLEURS DU CIEL

VOUS NE POURRIEZ PAS FAIRE GRÈVE A UNE AUTRE PÉRIODE QUE CELLE DES VACANCES ?!

IMPOSSIBLE! C'EST LE MOMENT OÙ JE PRENDS LES MIENNES!

POUR QUE LES CONTRÔLEURS PUISSENT PRENDRE DES VACANCES EN ÉTÉ, IL FAUT QUE LES USAGERS ACCEPTENT DE PARTIR EN AUTOMNE.

UNION DE LA GAUCHE

URSS

SI LE PARTI PERD SON RÔLE DIRIGEANT QUI VA DIRIGER L'URSS?

LES DIRIGEANTS DU PARTI ELUS DÉMOCRATIQUEMENT

OUF! J'AI EU PEUR

SI LA LITHUANIE S'OBSTINE. LES LIVRAISONS DE MATÉRIALISME EN PROVENANCE D'URSS SERONT BLOQUÉES.

DIEU NOUS AIDERA A SURMONTER CETTE ÉPREUVE

VIVEMENT, LE MARCHÉ LIBRE!
QUELLE DIFFÉRENCE Y'AURA-T-IL ENTRE LE MARCHÉ LIBRE ET LE MARCHÉ NOIR?
POUR LE MARCHÉ LIBRE IL FAUDRA DES TICKETS DE RATIONNEMENT.
POURQUOI ONT ILS DONNÉ LE PRIX NOBEL À GORBA?
PARCE QU'AVANT LUI, ON VIVAIT EN FERMANT NOTRE GUEULE
MAINTENANT ON CRÈVE LA GUEULE OUVERTE!

U.S.A

VACANCES

LA SITUATION ÉCONOMIQUE EST MAUVAISE.
C'EST PAS L'ARGENT QUI MANQUE. C'EST LE MORAL!
IL M'EN RESTE ENCORE UN PEU, SI VOUS ÊTES ACHETEUR?
LA SITUATION POLITIQUE EST MAUVAISE.
JE GOUVERNE, MOI!
REGARDEZ DEVANT VOUS
BRUXELLES
LA SITUATION SOCIALE EST MAUVAISE.
UNE GRÈVE AU MOMENT DES GRANDS DÉPARTS. C'EST INTOLÉRABLE!
ÇA N'EMPÊCHERA PAS LES CHOMEURS DE PARTIR EN VACANCES
LE MORAL DES FRANÇAIS RESTE BON.
C'EST L'ÉTÉ
LE RESTE ON S'EN FOUT!

L'AFGHANISTAN N'EST PLUS INFESTÉ PAR LES TOURISTES RUSSES.

LES VACANCIERS IRAKIENS N'EMPOISONNENT PLUS LA RIVIÉRA IRANIENNE.

LES ESTIVANTS VIETNAMIENS NE CAMPENT PLUS DANS LES TEMPLES D'ANGKOR.

MAIS PARIS EST TOUJOURS OCCUPÉ PAR DES HORDES D'ÉTRANGERS.

VALEURS

VIOL

VIOLENCE

.

Cet album a été achevé d'imprimer
en mai 1991
sur les presses de l'imprimerie Aubin
à Ligugé, Poitiers
pour les Éditions Albin Michel

N° d'édition : 10 094
Dépôt légal : juin 1991